www.united-pc.eu

Sebastian Bluth

GRAZIE CARA VITA

Gedichte

„Liebes Leben, Danke für all deine Gaben!
Du gabst mir die Freude, du gabst mir das Leiden.
Und was ich auch singe, ich form es aus beiden,
aus Lachen und Weinen entstehen meine Lieder,
Und meine Lieder sind auch eure Lieder."

(Gerhard Schöne nach „Gracias a la vida" von Violeta Parra)

DAS GUTE AM REGEN

er fällt von oben nach unten
herz – mach was du willst
er – einfach vom himmel – unabgelenkt
aufs haar – die wange – die brust – die spitzen

weich – kalt – schwer – süß – sauer
kannst schauen – ganz offen
nichts zu sehen – was in – was aus dir ist
er – ist darüber – darauf
pladdert – pladdert – pladdert

eine pfütze am boden
voll freude – voll schmerz
still oder laut
vom schatten – vom licht
nass alles weit und breit

tränen unsichtbar

(für D.)

GÖTTIN GRIECHENLANDS

schöne welt
da bist du
sie weiß es nicht
schwärmt von den anderen
und jede
und jeder
wie sie
alle olympianer
sie kehren wieder
die blüten
der natur
und dem wanderer gleich
ist das glück
dort
wo er es lässt
schöne welt
da bist du

(für Th.)

METAMORPHOSEN AM ASCHERMITTWOCH

liebe – zu asche
stadt – zu wüste
leben – zu tot
endsieg – zu feuersturm
licht – zu schwarz
kälte – zu glut
klang – zu schrei
himmel – zu hölle
. . .
Dresden, 14.2.1945

– WAS IST DAS –

herren
heilige
reformatoren
führer

jahrtausende davor
jahrzehnte danach
wort – zu ihrem wort
ihr wort – zu gewalt

es war
es ist
es kommt

glaube – zu wahn
oder
liebe – zu hass
oder
gottlehrer – zu gottlosen
oder
mensch – zu übermensch

– ABER AUCH –

Dresden, 14.2.1945

stern – zu mensch
angst – zu mut
diktatur – zu autonomie
rassengesetz – zu gesetzlosigkeit
todgeweiht – zu überleben

LINGUA   –   zu erklärung
TERTII   –   zu vielfältigkeit
IMPERII   –   zu welt

– WAS IST DAS –

<u>ein mensch wie du und ich</u> – <u>der nur leben will</u>

(für Viktor Klemperer, Verfolgter, der überlebte)

– HOFFNUNGEN BLEIBEN –

credo – zu toleranz
gleichgültigkeit – zu erinnern
verschwörung – zu dialog
missbrauch – zu aufklärung
allein – zu gemeinsam
krieg – zu frieden
nebeneinander – zu mitteinander
beziehungsarmut – zu beziehungsnähe
wein – zu wasser für alle
menü – zu brot für alle
träume – zu wirklichkeit
asche – zu liebe

ADAGIETTO

oh tränenrot – oh du
im nebelgelb – schwindend
wolkensanftes lau
eingebunden in den wogen
himmelgleich
schwelgen die wellen
hoch hinaus
in den tiefsten raum

hauch es ein
du ewige
das licht
den lauf
das dunkel – ferne
nur puls und schlag
am anfang des grenzenlosen
wo – ist das ich
wo – ist das sein

gleichgültig
bewertungsmüde
in den wogen eins
auf und ab
nicht zufassen
doch zum greifen nah
hier und jetzt
nicht und doch gelebt
fraglos

hinein
hinein
hinein
wo – alles ist
wo – alles war
wo – alles hin
zu dir
die grenzenlos

kein träumen
entrückte welt
ein sein
ein nicht sein
nur antworten
ersonnen in schlüsseln
ausgegossen im geben
besungen im turm schon lange
nicht dies – doch das gleiche

„UND MEHR BEDARF'S NICHT"

(bei Friedrich Hölderlin – Gustav Mahler)

DER ALTE MEISTER

spricht von seinem meister
was der sagte – zu morgen

„KINDER MACHT NEUES,
WOZU SONST DAS SPIEL..."

eine träne in seinem wachen lachen
ein seufzer – tief und schwer
allein geblieben schenkt er weiter
helles strahlen in und um ihn

(DFD gewidmet)

VALENTIN – BRAUCH – PATRON

tag der...
stunde der...
minute der...
sekunde der...
monat der...
jahr der...
text der...
musik der...

monatsekundentagstundenminutenjahrmusiktext

es ist – was es ist
kaufen kann es niemand
davon jedoch empfangen
immer und überall
auch ohne wort
ohne ton
ohne zeit
ohne tag
war – ist – bleibt
was es ist

UND DAS JANUAR-GRAU

es bleibt so
ohne weiß
kein gelb bildet schatten
milde – viel zu milde
tropfen bleiben sternlos
kein kristall
auch nicht im tiefsten dunkel

sommerwunsch unerfüllt
geräte im keller
sand ungestreut
uhren zählen langsamer
immer die frage

zu warm
zu kalt
zu trocken
zu feucht

träume erwachen
vom sommer – hell und gelb
und eine sagt
„AUF GRAU – FOLGT BLAU"

(Der Liebsten)

FRÜHER WAR WOHL ALLES BESSER

bleib da – wo sein jüngling stand
im ewigen gemurmel
im gleichgültig
im leer und kalt

da war wohl alles richtig
geblieben ein narr
wartend auf antwort
am meeresstrand

(nach Heinrich Heine „Fragen")

WINTERFELD

klirre kalt
kein wind pustet
weißer nebel schwer

was ist himmel
was ist erde
läuft oder fliegt der kolkrabe

gleiches – hell
weiß – weiß
so weiß

unten
oben
wo sind sie

plötzlich flockentanz
auf und nieder
wieder geerdet

GLÜCK

die sonne war so knallrot heiß
wärme – wohlige – wärme
schwung-geformte landung
adonisgleich
ins nächste feuerrot – dunkel

und weiter sprüht die farbe
in tiefe – tiefe glut
ohne gesicht
ohne wimpernschlag
auf – in neuen brand

unerschrocken geht's
zum nächsten flügelschwung
federleicht
ohne ende
herrlich
nur glück – glück – glück

VERGESSEN II

ein streich des willens
gaukelt was vor
was nicht geht
vergraben – ja
begraben – nein

lass die schaufel
stell dich auf den berg
halte ausschau
sieh hinunter
es gehört zu dir

suche die stelle
vertraue – nimm an
leben – gab
leben – lässt
leben – nimmt

was kommt – geht auch
alles wird verwandelt
nichts geht verloren
nur das jetzt verändert sich
nach seinem willen

lass diotima sprechen
dankend und glänzend
sieht das auge sie
hyperion lauscht
jeder – kann lauschen

„Sokrates glaube es, willst du den Ehrgeiz der Menschen schauen, würdest du dich wundern über ihre Unvernunft. Aber du hast ja im Herz, was ich dir gesagt habe, weißt, wie gewaltig sie von dem Drang besessen sind, nur noch berühmt zu werden und unsterbliche Ehren für alle Zeiten zu haben. Dafür setzen sie sich allen Gefahren aus. Noch mehr, sie opfern ihre Kinder und ihr Haus und Hof und jeden Wert. Selbst zu sterben sind sie bereit für dieses eine törichte Ansehen, in ihrer kurzen Zeit"

(nach Diotima von Mantineia, vermutl. 5. Jh. v.Chr.)

OSTSEEINSEL

ich: zwischen friedrich's und holstein's pinsel
gleiches uraltes ungleich
launisch – sanft – wild – weich

du: hoch und nieder
auf- und ablandig
kommen und gehen

ich: 1 + 1 ist unendlich
dazwischen viele augen
arithmetisch nicht zu fassen

du: hoch und nieder
auf- und ablandig
kommen und gehen

ich: kein unsinn – ursinn
wenn es still schaut
im spiegel des horizontes

du: hoch und nieder
auf- und ablandig
kommen **und** gehen

ich 1 + 1 bleibt unendlich
im du und ich
ich und du

beide: hoch und nieder
auf- und ablandig
kommen **und** gehen

STURMLOCH

hin und her geschleudert
dem untergang nah
die masten brechen
es stürzen die segel
keine feste – kein halt
nur wellen – verdammte wellen
eiskalte gischt
drehender strudel – verschlingt

auf einmal alles still
pause vom toben
hörbarer atem
glatte see
sonne ganz oben
milchiges licht
weich und warm
daneben sterne
himmelstraum

doch da kommt er fauchend zurück
unendlich nasser sog – er zieht
kein entrinnen – unbarmherzig tobend
in allen tonlagen dieser welt
jammernde wanten – überall schreie
lass fahren – lass fahren dahin
aufgenommen ein kurs
auf – ins irgendwo
weg – den noch niemand ging zurück

NACH DEM ALTEN GOTT VERLOREN

„tuba mirum" ausgehaucht
paukenschlag zerplatzt
eiskalte pfeifen – starr – grell

zu ende das
–du musst– ...
–du sollst– ...

gefallen
gefallene
gefallener

vor der zeit
in der zeit
nach der zeit

gelandet im ich
ohne tempelbuch
ohne retterrettung

dunkelgemurmel ohne geschlecht
keine lehre
kein geist – über den wassern

war's menschenraub
war's menschenwille
war's menschengesetz

olymp
vatikan
neckar

geblieben – das höhere
ohne vernunft
den göttern gleich

noch unsichtbar
wachsend leicht
licht und warm

neuer tanz
bei den himmlischen
im neuen raum

DEN SÄNGER'N

nur du bist letztlich
nichts wird dir helfen
du kannst es allein
retter braucht nicht retten

lautes außen – kann jubeln
schlaue bücher – können beweisen
bilder – können blenden
geruch – verführen
musik – propaganda sein

zaubre
zaubre
zaubre
zaubre
zaubre

das deine – im drum-herum
deine farbe
deinen klang
dein wort
dein bild

himmel hoch und ganz tief
in jedem takt
verschmolzen alle instrumente
tintenkleckse ohne zahl
klingen farben und schwarz und weiß

becher voller gabe
aneinander schmiegend
wahrheit im lied
wie der vogel singt
vom einzigen – das zählt

„LOHN DER REICHLICH LOHNET"

(nach Johann Wolfgang v. Goethe „Der Sänger")

VOM SCHWEREN – NUR –

weiß was ich will
weiß was ich brauche
weiß was möglich

darf – NUR – keine angst haben

VASE-BLUMEN   oder   BLUMEN-VASE

außen
auf reinstem weiß – bemalt mit herrlicher
blumenkunst und goldrand
ururururur ... urenkel des erfinders haben
wohl geformt – getaucht – bemalt
gebrannt mit liebe
kurz
königlich – porzelanmanufakturiert
bezahlbares – bezahlbar
gekauft oder geschenk
lebensdauer – generationenlang
zu jeder zeit sichtbar
kühles schön – praktisch – unvergänglich

innen
narzissen gepflückt – erworben – geklaut
erfindung und erfinder bleiben als fragen
unendliche formen – alle farben – *„AMORE"*
kurz
mit oder ohne – „DIO"- schöpfungsmanufakturiert
bezahlbares – unbezahlbar
gekauft oder geschenk
lebensdauer – so lang wie's leben selbst
mal sichtbar – mal unsichtbar
warmes schön – unpraktisch sich verwandelnd

ZWEI STELLVERTRETER IN DER PANDEMIE

kaum schafft der EINE die stufen
gebeugt steht ER auf rom's hügel
leer ist st. peter
leere – ER – leere
kein jubel
kein schrei
kein „GLORIA"

die ganze welt schaut hin
gespannt
voller erwartung

weitergeführt die sakramente
suchen nach antwort
antwort bei den menschen
in ihrer schuld

ist ER verlassen
verlassen wir
verlassen das

- SOLANGE DIE ERDE STEHT -

verlassen
was ER bittet
was ER predigt
was ER glaubt
was ER erlöst

ER bleibt treu
treu – an seinem platz
treu – auf seinem platz
treu – in seinem platz
treu – im bestimmen
treu – im urteilen
treu – wie VIELE vor ihm

unerwartet in dieser zeit
– *URBI et ORBI* –
spendet – der welt
spendet – dem erdkreis
Seine absolution
Seinen segen
Sein amen

ist es mysterium
verwandlung von brot zu leib
ER kennt die antwort
kennt SEINE ganz allein
vielleicht auch dieser gott

der ANDERE lebende STELLVERTRETER
schrieb – von vielen wegen
wege zu gott
die so viele sind
wie es menschen gibt

WOHIN

solo: da ist er – der eine ton
unendlich lang her
unendlich lang hin
du kannst ihn nicht lernen

chor: teilen und geben
geben und nehmen
nehmen und geben
geben und teilen

solo: am anfang
am ende
in – aus – dir
er bringt

chor: teilen und geben
geben und nehmen
nehmen und geben
geben und teilen

solo: nicht – wohin sirenen
nicht – wohin ein gott
auch nicht – wohin nur du
zauber – geheimnis – begabung

chor: teilen und geben
geben und nehmen
nehmen und geben
geben und teilen

solo: misch ihn – mit deinem klang
wie du ihn erfahren
wie er dich erreicht
in deiner einzigartigkeit

chor: teilen und geben
geben und nehmen
nehmen und geben
geben und teilen

solo: nichts dafür getan
er war plötzlich
auf ein mal da – ganz allein
allein und doch zusammen

chor: teilen und geben
geben und nehmen
nehmen und geben
geben und teilen

chor: so findet er alle
handschlag über generationen
oft durchbrochen
kommt immer wieder

solo: teilen und geben
geben und nehmen
nehmen und geben
geben und teilen

tutti: dort hin – wo wir gerade
wir hingehört – er hingehört
nicht festhalten
sonst ist er weg

FEIERLICH LANGSAM

im tiefsten dunkel
klarster dominante
leicht in die bessere welt
symphonischer satz
nicht und doch am ende
pause vom nabelschnitt
rast vom puls
unsichtbar
da und nicht greifbar
erkennbar
so wahr
bewertungslos
erlebbar
für alle
alles

GRAZIE CARA VITA
SOLI DEO GLORIA
SHALOM
SALAM ALEIKUM
NAMASTE
LA PACE SIA CON TE

...

im tiefsten dunkel
klarster dominante
leicht in die bessere welt
symphonischer satz
nicht und doch am ende
pause vom nabelschnitt
rast vom puls
unsichtbar
da und nicht greifbar
erkennbar
so wahr
bewertungslos
erlebbar
für alle
alles

. . .

FEIERLICH LANGSAM

IN ALTEN LIEDERN

eingegangen
ausgegangen
weggegangen

in so vielen dichterlieben
an ferne geliebte – winterreisen
eines fahrenden gesellen

und doch ein lindenbaum
ein hingehen
ohne ade gesagt

leiernde lieder
was ein liebend herz geweiht
war alles wieder gut

in ersten kreisen
in kalten reisen
mit messer in der brust

und so gehen sie
so klingen sie
so reden sie

gestern
heute
morgen

IM DÄMMERGRAU

leise auf zehenspitzen
erregend die stunde
dieser moment – dieser himmel

verklungene diskurse
wiesen dampfend
und oben ziehen sterne

gehe noch nicht
bleibe hier
bleibe und schaue

erkenne was ich
geblieben in der zeit
vertrautes ohne buckel

hebe mich auf
tiefe luft
frisch wie am ersten tag

gehe hin
zur schönsten

AM HÜGEL

dort steht sein stein
gekannt sein herz
oder nicht gekannt
wer kennt schon herzen

gefrorenes eis – war da
wie auch sein haus
keine liebliche wohnung
gemiedene adresse

die neue hier
eine von viele**n**
viele steine
viel schrift

„SOLI DEO GLORIA"
ist zu lesen
geblieben was es ist
stein – kalt

FERN DEM HÜGEL

war noch nie dort
fahre auch nicht hin
der da liegt – blieb hier
hier bei mir und singt

drehendes schwarz
ist auferstehung
so leise – so kräftig
direkt in diesem raum

zeigt weiter hin
schlägt nicht mit rat
schenkt seinen klang
gibt – wer ihn will

ferner hügel – was ist dort
hier klingt er weiter
in wohnungen – ohne miete
und lässt es sich gut gehen

FISCHERS ERSTER FANG

„jo   das war damals ein schöner barsch

ich war gerade mal sechs jahre alt

da hatte ich den an der angel

was für ein riesending von einem fisch

doch dann kam einer von den großen

nahm ihn mir einfach weg und sagte

HER DAMIT – WER SIND WIR –

WENN DIE HOSENKACKER SCHON FISCHEN

malte hennig war das – lange tot

das vergesse ich mein leben nicht

gott hab ihn selig"

LEDA UND DER SCHWAN

an leda denkend

so schön bist du
so anmutig – so weib

der vater – aller götter
geblendet davon

verwandelt sich
in einen jungen könig

flügelschlag deines erträumten
täuscht und verführt dich

du glaubst ihm
gibst dich ihm hin

alles von dir taucht ein
dein wesen – deine gestalt

sein betrug hat dich befleckt
mit flecken – die nie vergehen

LELKENDORFER ELEGIEN

Halbmond (nach hauf's „zwerg nase")

leuchtet hell auf weißes feld
dammwild am waldrand aßt
der weg nur so zu finden
hohe berge – tiefe täler
eine schweiz aus eiszeiten
liegt gefroren im eis

wind – wind – wind – wind

auf dem feld die alten kastanien stehen
das wundersame kräutlein wächst nur hier
in diesem schein – das kräutlein –
welches die speise zur königin macht

„ohne dies kräutlein bleibt die pastete ohne würze
und ein herr wie ich – wird sie nie essen"

schlau ist er – er der fürst
ich niese mit lust
vielleicht blüht dort mein glück

Die drei Zeilen

was ist neumond	sohn
luna – göttin – kein mann	heiliger geist
einfach wie die schöpfung	vater

Kurzschluss

alles gesagt
was soll ich singen
vom halben
vom vollen
jedem wird gelingen
was er schafft
in seinem kreis

„*ER SAH IHN STÜRZEND SINKEN*
UND TRINKEN TIEF INS MEER.
DIE AUGEN TÄTEN IHM SINKEN,
TRANK NIE EINEN TROPFEN
MEHR‘

(Johann Wolfgang von Goethe)

AM STRASSENRAND

manche leute hinterlassen nur das ihre
arbeiteten ein leben lang nur dafür
doch wenn der letzte puls geschlagen
wind geht übers grab
wird das ihre abgestellt
vielleicht findet's einer
wenn nicht
geht es ab
in die tonne

AM STRASSENRAND II

und plötzlich blinkt da was
etwas das der größte schatz
damals – vor jahren
fast vergessen
für mich unvergessen

als ob es schon immer meins
greife ich einfach zu
nehme es mit
muss vielleicht erklären
wer liebt – versteht mich

wieder habe ich
wo ich eigentlich dachte
dorthin komme ich nie zurück

bin wieder da
wo letztlich alle
im kinderland

LOT'S TÖCHTER

der gebende schoß war zur säule erstarrt
kein salz mehr für leben
der alte erbgeber – wie immer hinten
jetzt die augen zu
und ein großer – großer schatten sehnsucht

> *„geht das*
> *geht das nicht*
> *dürfen wir*
> *dürfen wir es nicht"*

im licht steht der trunk
gemischt aus lebensbrot – lebensnot
der bringt den schlaf – nicht tod
nur schlaf – tiefer – tiefer schlaf – ohne erinnerung

> *„wir brauchen vater*
> *kommt schmiegen wir uns an*
> *er regt sich – seht er wächst*
> *unser stamm – höher und höher*
> *berührt ihn – schmeckt ihn – liebt ihn*
> *soviel – so unendlich viel"*

ein ausbruch kommt – fast in der mitte
mit dem fallenden nass – gefüttert ihr geschlecht
es verdirbt nicht – lebt – vermehrt sich
weiter – weiter – weiter – weiter...
vom hohen licht – bis ins tiefste dunkel

DIE HOLDE

„bevor ich das podium betrete
rettet nur sie mich
sie ganz allein
sonst ginge das nicht
wirklich überhaupt nicht"

sprach's und betritt den saal
helle hochachtung empfängt
doch ein warten – bis es dunkel und kein laut
erst jetzt wird „aufgetankt"
beginn von ihr und mit ihr

und perlen gleich
golden warm
erhebt sich seidenmatt
im unendlichen legato
zauber – nichts als zauber im raum

„HAST MICH IN EINE BESSRE WELT ENTRÜCKT
... DU HOLDE KUNST ICH DANKE DIR"
(Franz von Schober)

GEBLENDET

nackt im raum
blind
geruchlos
taub
ohne geschmack

kein schmerz
keine erlösung
kein schwer
kein leicht
unsichtbares sichtbar

ohne klang
nur licht
ohne willen
ohne wissen
ohne macht

pause – einfach – pause
zeit blühender apfelbäume

karfreitagspassion

bestimmt vom neumond
alte geschichte erinnert
matthäus erzählt

wie aus LIEBE – verrat
treue – zu verleumdung
priester – zu richter

ein rabbi – zum opfer
„hosianna!" – zu „kreuzige!!!"
hoffnung – zu tod

allein die römer
für sie ein heiden-heiland
erkennen plötzlich – was da verraten

was einst geboren aus
was da gesprochen in
was sich gegeben für

CARITAS
das wunder aller wunder
DEUS – damals ihre – erklärung

*„Aber der Hauptmann, und die bey ihm waren,
und bewahreten JESUM, da sie sahen das
Erdbeben, und was da geschah, erschracken
sie sehr und sprachen:
Warlich, dieser ist GOTTES Sohn gewesen!"*

(Matth. 27, 54 – original schreibweise – Bibel von 1733)

DIE AUFERSTEHUNG

vielleicht **offen** dafür
annehmen – oder nicht
glaubenskram – wer weiß

in stein gemeißelt

allein	**ist tot**
gelesen	ist leben
gesungen	ist leben
erfahren	**ist** leben
erkennen	ist leben

stein allein   ist tot
nur stein   bleibt tot

entziffertes spüren ist leben ist auferstehung
notiertes **singen**   ist leben ist auferstehung
schriften lesen   ist leben ist auferstehung

liebe oder leid
lachen oder weinen
geschichten oder märchen

auferstehung nur mit leben
kein mysterium – kein gott
jeder kann es
mit glauben – ohne glauben

AUFERSTEHEN

vom schlaf
der bruder wird kommen
jetzt noch nicht

einfach weiter machen
ran ans werk
mit allem können

vor jahrtausenden sagte einer
was dein teil hier
– fröhliche arbeit –

geblieben seine frage

„WER WEISS, OB DER ODEM DES MENSCHEN
AUFWÄRTS FAHRE?"   (Prediger)

ENDLICH

ist der meisenkasten voll
drinnen singt's – wie toll

kam in voller pracht
muntre kükenschar über nacht

geschlüpft aus kleinen eierlein
in den frühling voll hinein

sie singen jedes „*tschiep – tschilp – tschiep*"
frei übersetzt – welt – wir haben – dich lieb

MUT

gewogener gleichklang
alles in allem ruhend
kennt keine höhe – keine tiefe
alles traum und blind

aber wenn stürme fassen
fuß ohne boden
straße ohne ziel
welt – ohne angeln

und doch – hinaus
sicher am ruder
weiter mit hoffnung
trotzen den klippen

da ist lust – da ist pein
eigenes sehen
glauben an sterne
nur gewinn – ohne verlust

MENSCHENSTROM

.

.

.

unbekanntes – bekannt
gesichtsloses – gesicht
gehendes – kommen
ungleiches – gleich
fernes – nah

.

.

.

schlagender – schlag
atmender – atem
kennendes – kennen
bewegendes – bewegen
gleichgültig – gleichgültige
anonyme – anonyme

.

.

.

darin das du
darin das ich
darin das wir

.

.

.

darin glaube
darin hoffnung
darin liebe

.

.

.

OKTOPUS SPRICHT ZUM TOD

„wie viel tinte hast du versprüht
versprüht über tausende
geschriebene urteile
sie vollstreckt

gesaugt an meinen adern
hinein gezogen in – dein - sein
auf dem land – im wasser
in der luft

deine kralle braucht halt
hilfe von helfern
die dir helfen
für deine ernte

lass mich in ruhe
lass mich schwimmen
lass mich tauchen
da hast du sie – die farbe"

DIE MUSCHEL

es war einmal am meer
da brachte einer eine weiße
hell war sie und leuchtete im mondglanz

glück versprach sie
menschen in schweren zeiten
wo wünschen noch was half

immer weiter wird es gesucht
bis auf den heutigen tag
das alte – schöne bild

STRANDBLICK

ende und anfang
leben und tod
nass und trocken
hell und dunkel
weit und nah
kalt und warm
still und laut
hoch und tief
alles was das leben hat

noch was

liebe und leid
lachen und weinen
du und ich

PAAR MIT JANUSKOPF

so nah – ganz nah
die sicht in sich hinein
in das seine hinein
zwei mal
und doch vereint

SIRENEN

gelauscht – genascht – gefolgt
keine welle zu hoch
kein meer zu tief
keine sonne zu hell
hin – nur hin
der sturm – er wollte es so

gestrandet
zerschellt
sie singen weiter
unerbittlich
weiter bis ins tiefste mark
singen nun vom ende
was gefürchtet
befürchtet
unausweichlich

EIN ENGEL

sitzend oben auf hohem thron
in voller rüstung – gerüstet
wehrte und wehrt ab
unerreichbar und doch mensch
botschaften von der angst
sie – sein blick
sie – sein wissen

getragen von den tragenden
altes spiel
mit feuer und wasser
auf türmen – etwas näher ihm
fische springen umher
unzählbar viele
schreien und rufen
nach wasser
brot und wein
spenden
weihrauch
gold und myrrhe

ANDERER ENGEL

flügelschwingen der liebe
frohe botschaft
behütend auf allen wegen
tragend auf den händen
ohne stein der stößt
glaubend
stützend
im frieden

BEIM SPRUNG INS WASSER

ich fliege
ja – ich fliege

wohin – egal
es wird schön klatschen

nach unten
weit nach unten

herrlich dieses fallen
ins nass des lebens

SCHWEBENDER ZIRKUS

pause vom tun
wer – was – wann – wo – egal

nur eine melodie
die eigentliche

nur ein kleid
das eigentliche

nur ein kopf
der eigentliche

nur im mir selbst
dem eigentlichen

auch platz lassen neben mir
dem eigentlichen

ach – wär's doch immer
in diesem kreis

LA BOHEME

wirklich so am rand
wirklich so in·tel·lek·tu·ell
wirklich so unter

was fleisch ist – ist fleisch
was wasser ist – ist wasser
was geist ist – ist geist

das sind die geheimnisse
die musen und tempel
aus denen alles gemacht

SCHATTEN – LICHT

bist beides
bist diese welt
kannst leben machen
kannst leben nehmen

der lauf ist die wahl
wege sind
so viele
wie menschen

eines
ist allen gleich
gekommen – nackt
gehen – nackt

aus dem schatten – ins licht
aus dem licht – in den schatten
kein licht ohne schatten
kein schatten ohne licht

MEIN WEG

meide gern getretne pfade
die die wanderer alle sehn
hin und her sowie gerade
suche das – wo ich kann gehn

den einen weiser gibt es nicht
nur viele kleine überall
such darin den meinen
den pochend puls im überschall

und ich finde sie die treppen
burgen – häuser ohne zahl
wo ich ruh' in warmen betten
finde alles – hab' die wahl

MISSBRAUCHTER ENGEL

er – wieder benutzt
von ihm – genommen
an ihm – befriedigt
hinter ihm – versteckt
verraten – seine botschaft
das frohe – das gute geklaut
er – ausgeplündert – zurückgelassen
keine kreise – vom himmel hoch
bleibt hängen – im fluglos

tanz verschwunden
wüst ist es
kalt – leer
acker ohne grün
verhüllt
blicklos
schwebend

VERSTECKT

kann nichts hören
kann nichts sehen
kann nichts spüren
kann nichts schmecken
kann nichts riechen
kann nicht schwanken
kann nicht vor und zurück

der kopf voller fremd
brot ohne salz
ein schiff ohne planken
lied ohne ton
haltlos
druck presst zu
augen verbunden

ANGEKOMMEN

fort was war
wer machte das
ein hauch aus norden
ein baum
ein blütenbeet
sonnenstrahl
mondnacht

innen das menschen – tun
innen die menschen – unruhe

gezeichnet doch froh
freies unbekannt
lauer duft – süß
im halt wird es langsam heller
stille – hören
hören – stille
und ja
ein lächeln

MORGEN

trittst aus dem wald leise

schleichst im nebel durch die kühle

werden sonnen scheinen

werden wolken heulen

der hauch wird's entscheiden

bringt es jedem

wie an jedem

LEBENSSAUM

gewirket durch und durch
ohne kante
kein unten
kein oben
ungestrickt
ungenäht
gegeben von der mutter
aus deren schoß
wir alle sind

GRÜNER SEE

spieglein – spieglein an dem strand
gibt keine antwort im ganzen land

königin und könig bleiben klein
angst und stolz kann's nicht sein

grün ja grün ist's eben
grün ja grün dieses leben

FRÜHLING

die schwalbe kam am ostermorgen
störche klappern auf dem dach
lieblich singt die nachtigal

neues glück
tritt heran
nimm es an

lass dich nicht verführen
vom alten traum
der taugt nix

morsch sinkt er hinein
in den vergangenen winter
ohne kraft

endlich junges grün

KINDERSZENEN

höre schumann's opus 15
goldgelb lauscht das korn
weite – waldessaum – verzaubert

was will noch buchstabiert
wie alle antwort erklingt
„der dichter spricht"

(danke an Alfred Brendel)

AUF DER MAUER

auf der mauer – auf der lauer
sitzt ne kleine...

ach – eine wundervolle – im letzten tagesschein
geblendet das auge – vom tiefroten licht
zierlich ihre schatten und strahlen in den haaren
anmutig lang – wehen sie im abendwind

ganz still ist sie da oben
verführerisch das kurze sommerkleid
schaut reglos in die ferne
kein rotwein und zigarettenrauch

eine sehnsucht steigt auf
der eine traum – immer wieder
schneller pumpt es in den venen
so warm – so heimlich – so echt

stehen bleiben – „traue ick mir nich"
wieder der schuljunge voller flausen
fahre weiter in die hügel
schlaf gut

... wunderschöne

EIN WEIHNACHTSMANN

heute ohne bart
es fehlen auch mütze und sack
kurze hose – sandaletten
lächelt und raucht

um ihn schnattert es unentwegt
es wird gefressen-gefressen-gefressen
mit der rute scheucht er weiter
hin zum frischen grün

wohlgenährte hälse recken sich
„mit rotkraut und klößen
werden die lecker schmecken
bis weihnachten sind die schön fett"

schlitten im schuppen
kein rentier
hier ist vorfreude
schönste freude

DIE SONNE

regentrude – wo bist du
schläfst du noch
die quelle scheint verödet
dürr und trocken liegt das land
staub – nichts als staub
heiß und grell ist es

lange morgenschatten
schrumpfen am mittag
bis sie am abend wieder wachsen
auf der anderen seite
gegangen ein tageskreis licht
um den feldmohn

IN DER NACHT

der mond war aufgegeangen
schleicht lautlos hinter hohen wipfeln
macht alles milchig hell
bescheint das still und schweigend

über allem – in langen bahnen
haben zwei flugzeuge ein kreuz gezogen
gleich dem symbol – dass die liebe schlug
wieder hat sich der mensch erhoben

DER VERSTORBENE NACHBAR

seine elegien las ich eben
aus buckow
in der „*merkwürdigen schweiz*"
so sagen sie es hier
die alt eingesessenen

freiwilliges und unfreiwilliges
so klingen deine zeilen
schwere zeit
schönes miteinander

das trennt uns nicht
nur dein tod

(für Bertolt Brecht)

SEERUHE

riemen hoch genommen
ausgetreidelt bremst der kahn
was eben noch gebrochen
wird glattes nass
glatt und undurchsichtig
ein bild darin
himmel und erde
nur noch ein eins
tief schläft der wind

JOLLE AM STEG

blau wie himmel
klein und mit dach
sie lässt es zu
das stehen auf dem nass

kann schaukeln
segeln
ächzen
kentern
treiben
gleiten
...

bis zum fernen untergang

wenn sie am dalben
pause vom kreuzen
hier ganz sicher
plätschern – wiegen – träumen

WOLKENNASS

(nach einem volkslied)

eine dunkle wolke ging herein
regen kam
hernieder ins hohe gras

komm sonne – komm bald
sonst verdirbt alles in der flur
müde blumen – ohne farben

komm wolke – geh herein
abschied schwer – muss sein
ade – liebe mit leid

BRANDENBURGISCHE KONZERTE

wie ein gewimmel von insekten
steigen die geigen auf
den tiefen grund füllen die kontrabässe
dazwischen hörner – flöten – trompeten
fagotte – oboen und continuo
eine landpartie besonderer art

SIX CONCERTOS AVEC PLUSIEURS INTRUMENTS

spielen in allen farben
berg auf und ab – bei tag und nacht
dies alles von diesem einen
unsterblich nie versiedenden
bach – johann – sebastian

FARN

D ialogisch nur
R angt die sommer lang
Y lyptisches streben
O bdach und schatten
P latz im geäst
T üpfel – adler oder wurm
E inerlei unter vielen
R hisom dann der sprung
I m mauerwerk oder unter dem boden
S poren fallen im august

FLUCHT

wohin
wohin
wohin

„EILT – IHR ANGEFOCHTNEN SEELEN!"

nach golgatha
zum kreuzeshügel
mit glaubensflügel

eine antwort – nicht die antwort

(nach einer Arie aus Bach – Johannespassion)

VOM EIS BEFREIT

es war doch so praktisch
kurzer weg
zu fuß über den see
nun geschmolzen
die schollen

nicht direkt
nur noch drum-herum
zu kalt zum schwimmen
statt eis und grau
kommt farbe

buntes gewimmel
kein pinsel
kein wort
musik erklingt
aus allen kehlen

ANGST

scheiß zeckenbiss
riesen groß
ärztin sagte
noch ist nichts zu sehen
warten auf die verfluchten keime
warten – warten – warten
verdammtes warten

ALTES HAFENTAU

gehalten – gespannt – gesichert
sturmfluten getrotzt
schauerböen ertragen

gerieben am morschen pfahl
irgendwann gerissen
nur noch am seidenen faden

daneben ein gestraucheltes blatt
beide kuscheln zusammen
tanzen den letzten walzer

UNSER HIMMEL

sonne strahlte weit hinaus
da saßen wir

still und lautlos
in unserer zeit

meer – nie von dir erfahren
meer – als je zuvor

reich und wille
zusammen

BUHNEN

brechen wasser bei sturm
bei regen aalglatt
bei sonne ungehobelt
immer in eine richtung
enden an land

WASSERMONDENSCHEIN

harfengleich schwelgend
wie feentanz schwebend
gewebt aus nachtwind und sternenseide
leuchtet sein schein in den wassern

steht über schweigend still
warmer glanz vor der kühle
warmer schein vor der tiefe
warmes bild im spiegel

ob moldau
haff
strelasund
oder jungfernsee

NACHT IM NORDATLANTIK

lichtglanz in den höhen
lichtschein am grund

unerforscht – unverstanden
immer wieder leuchten

dazwischen kreuzen schiffe
kreuzen menschen

kreuzen groß
kreuzen klein

suchen licht
finden licht

halten licht
löschen licht

IKARUS - ABFLUG

ER SINGT

"lass den alten schauen
noch fliege ich unter ihm
ich öffne weit die schwingen
nimm mich an – oh licht
frei und aufrecht komme ich
naiv – stolz ohne angst
voller vertrauen
der start ist gelungen
einmal gelebt wie ein gott"

DANACH

gebaute flügel geschmolzen
trotzten nicht der sonnenglut
er – zerschellt – tot
sein lied – bis heute

VERGESSEN

die meisen im frühling

die felder im sommer

den vater im herbst

die mutter im winter

den bruder am abend

die schwester am morgen

und noch mehr

viel – viel mehr

IM LICHT

teuerstes hell
im reigen der himmlischen
endlich
angekommen

schwärmender schwarm
aus sich blendend
ohne schatten
keine zeichnung

nur offenes schauen
nach innen – nach außen
übrig geblieben
und ohne vernunft

frieden – frieden – frieden

TAG DER BEFREIUNG

als das alte tot
ging es mit seinem teil
geblieben davon ein reiches erbe
erben die ohne erbe ein nichts
brauchen es zum weiterleben

wer es ausgeschlagen
hat sich frei geschlagen
trinkt den selbst verdienten wein
isst sein selbst gebackenes brot
ohne fremden mist – vom fremden acker

erben leben weiter
das was war
wie es war
sichert ihren wohlstand

bleibt übrig
letzter teil
letztes alt
in stein gehauen

steine sind starr
wehren sich nicht
was auf ihnen
verwittert

KINDERLIED

bunt ja bunt
sind alle meine träume
bunt ja bunt ist alles was ich hab
darum lieb ich
alles was so bunt ist
weil meine schätze sind
winter – frühing – sommer – herbst

DER GLÜCKLOSE DICHTER

von musen umschwirrt
hinein geboren
ins weltgeschehen der zeitenwenden
mehr mit windungen als mit dem puls
worte – wortspiele
abwertung über die – von denen er einst einer war
er verraten – gegangen vor dem mauerfall
himmelsrichtungen bleibt auch nach jahrzehnten

ich – verletzung über grenzen hinaus
im alt – neuen vaterland
nun alles richtig
sein gewinn das denkmal
sein denkmal woher er kam

dafür preise und pressestimmen
meist im herbst – um einen tag
neue lieder – farben – matt
dazu – gelerntes lächeln
für vereine – nicht die freiheit
seine neue grundsicherung

MIAU – NEID

dunkel trübe graue straßen
wind pfeift durch die kleinsten ritzen
kälte klettert in warme jacken
schuhe nass
nase und brille auch

da kommt ein licht
weist ein warmes – helles haus
und eine kecke – braungestreifte drin
hockt im fensterrahmen
leckt sich genüsslich die krallen
bemerkt niemanden
rekelt sich unverschämt behaglich
streckt sich ganz aus
und schließt die augen

doofes vakuum
möchte scheiben–seiten–wechsel
vom himmel hoch
rieselt es nass

„hatschiehhhh"

PFINGSTEN

hygiene verlangt begrenzte feier
lutherisch – modern – aufgeschlossen
perfekter gesang
perfektes flötenspiel
perfektes lesen
perfektes beten
perfekt alles – sauber – rein
hygiene eingehalten

digitale predigt hat freundeswunsch
– „gott schmeiß hirn vom himmel" –
klagen über verschwörungstheorien
zeigen nur auf andere – nach anderem

frage mich   was ist luthers aufruf
synagogen anzuzünden
luthers erklärung
wo du gott erzürnst schickt
er über dich tod und henker
großer katechismus
bekenntnis ev. kirchen

   ...

feier – gebet – gehen weiter
„NACH DER ALTEN KIRCHE"
geist handelt
geist hat gehandelt
der rechte geist
geist der wahrheit
was denn sonst

– AMEN –

feuerrote pfingstrosen
erblühen im garten
von himmelsschlüssel gelb – entzündet
darüber schönstes himmelblau
mond – sonne
sie scheinen

fragen geblieben
frage weiter
nach pfingsten
nach geist

wenn ein geist   ohne menschen – urteil
                        ohne menschen – schlacht
                        ohne menschen – angst

ja schmeiß was vom himmel
nicht in kirchen und mauern
schmeiß überall in die menschen
SIE – die – *„FLAMME DER LIEBE"*

„ACH MÖGE ES SCHON BRENNEN"
– das feuer – ursprung der liebe –
davon träumte rabbuni
und nicht nur er

– FRIEDE ÜBER ISRAEL –

BLUME IM HOLZ

gemacht vor über fünfzig jahren
geschnitten ins brett
dann ab durch die mangel
schwarz – weiß
blüht im silberrahmen unter galerieglas
weder welk noch knospe
geschaffen – nicht gewachsen
sehwelt vom seher für sehende
mit monogramm „ONH"
hoher verkaufspreis
blüht tag und nacht
von sommer bis winter
solange man sieht
ohne kabel – ohne netz
gießkanne oder dünger nicht nötig

(für Otto Niemeyer-Holstein)

FISCHKRAM

zum pankegrund
im roten wedding
hinter den deichen
bei den drei eichen
da liegt ein teich – so hübsch – so klein
im strahlend – kalten – mondenschein

voll flossen wild und buntem gewimmel
doch potz-blitz – aus heiterem himmel
direkt in das untiefe nass
stieß ein riesiger graureier und fraß
die kleinen goldfischlein
aus jenem teichlein

zu schlecht gespannt das schützende netz
das becken – voll tod
so will's das gesetz
schützt du's dir nicht – so wird dir genommen
die pracht aus den wassern
die du dir ersonnen

WERTE XXL

„was hast du davon"

fragte mich einer

„wenn sie nicht passen
sogar einsam machen
die welt – will doch betrogen sein"

wer bestimmt werte
ein gott der menschen
ein priester der götter
heute die frage dazu – ihr missbrauch

das gewissen bleibt
und jeder nimmt das seine mit

es bestimmt die zeit
bestimmt das ich

zwischen – in die welt hinein geboren
am schluss – aus der welt hinaus genommen

ALLEINZWEIN

teilen das eine
sehnsucht bauen
erfüllung finden
egotraum nicht lassen

kamele wandern durch nadelöhre
es muss doch gehen

sturer blick
in lebensräume
bockig
wie ein kleines kind

AUFTAKT

er – der ihn spielt – verzögert ihn leicht
kurzes innehalten aber – *auf* –
schlicht und still die weise – einsam
es geht in den himmel – hoch

hoffnungen wandern
sterne freundlich darüber
als sagten sie – *schau* –
hell – froh diese winterreise

schicksalhaft brodelt es in der tiefe
traurig – warnend
ich will's nicht deuten
geheimnisvoll stockt der atem

da kommt – *er* – wieder
er – der auftakt
ein ganzes leben
in so wenig zeilen

kürzer – länger als jeder roman
der pianist sagte einmal
er spiele nur das – was in den noten steht
was hat er da wohl gesehen

(Klaviersonate No 13 von Franz Schubert
                gespielt von Svjatoslav Richter)

WO SIND DIE BLUMEN

vergessen – einfach vergessen
und so oft selbst gesungen
vielleicht zuviel aufklärung
hunger macht nicht ein voller bildschirm
hier ein ganz anderes programm

eine diva – so etwas gab es ein mal
verließ diesen sand in braunen jahren
nicht wiedergekehrt in die heimat
erst ihre letzte adresse – in berliner erde

die menschen – sie liebte sie
nur ihre blindheit übersah sie nicht
„sterngeflimmer" und „mit dem zweiten"
mochten sie – mochten sie nicht

sprachverbot gebrochen durch eine frage
einfache frage im land der vertriebenen
„darf ich in deutsch für sie singen?"
eine frau – eine mutter fragt
wird man sie je verstehen

(für Marlene Dietrich)

HALTESTELLE DES FAUST

verwandelt

zurückverwandelt

umgewandelt

moment

„VERWEILE DOCH"

ersehnt nicht nur von magistern und doktoren

IMMER WIEDER

das dunkel wird heller
losgehen fiel schwer
im triebwagen müde gesichter
träumen von den freien tagen
daneben leichter schleier
sowie musik der verkehrsbetriebe

da brechen die ersten strahlen aus dem rot
stimmung wie beim gestrigen untergang
die kinder der nacht
sie verschlafen den tagtraum
vielleicht sogar ein leben lang

TREUER ABSCHIED

in deinen armen
süßer duft
feucht die lippen
schneller atem
schwerelos das gefühl
frei vom erdenschwer

aber sehnsucht bleibt
sah unendlich viele sterne
nicht besserer sex
es war zu hause
nicht woher
wo mein ich

betrüge nicht weiter
scheiß betrug
wahrheit ist verlassen
verzeih mir
muss verletzen
um nicht wieder zu verletzen

DAS ALTE BUCH

leicht liegt es in der hand
bekannt umschlag und eselsohren
schlage es auf

jeder absatz – jede zeile
nichts hat sich hier verändert
nur gelber scheinen die seiten

was nun

im sitzen – im gehen
im stehen – im liegen
buchstabe für buchstabe

wieder – vertraute berührung
wieder – vertraute geheimnisse
wieder – vertraute welt

LEBENSBILDER

„der richtige rahmen ist entscheidend
ich habe manchmal jahre gesucht"

so erzählte der sammler
der im museum wohnte

„wie blass – wie missverständlich
kann sonst ein kunstwerk wirken
kontraste unterliegen jedem selbst"

du holde kunst
was zeigst du mir

rahmen
bilder
leben

klar

was
warum
wieso

(für Heinz Berggrün)

INTERPRETATION

ich finde
du findest
jeder findet

wenn keine meinung dahinter
windrichtungen entscheiden
wie da dialogieren

alles wirklich relativ
ohne brennende brust
keine lust und pein

gutes sicher – das relativ
nie falsch – nie richtig
unverbindliches – nichts

neutralität
kein reiben
nichts zu lernen

meinungen bringen leben
schaffen streit
sind zu ertragen

wie sieht es das relativ
na logisch
„oder auch nicht"

DIE KÖNIGIN

groß **und** erhaben in goldener pracht
zeitlos und so vielen moden unterworfen

voller geheimnisse
verwandelt sie alles in laut und leise
wenn sie atmen darf

zeigt erbarmungslos schrill fehler
so sich hände und füße an ihr reiben

ein meister sagte es viel einfacher
„eine pfeife sitzt vor tausend pfeifen"

(für Roland Münch)

SEITENSCHICKSAL

ja oder nein – war der anfang im kopf
beweise von dichtern für druckreife
auflagenhöhe nach marketinginstinkt
start einer zeilenreise

von uralter unbequemer zeitbeschreibung
über das verbrennen vor den volksgenossen
bis hin zu globalen interpretationen heute

alles am gleichen breitengrad
auf den punkt genau (nach „GPS")
immer deutlich dabei
– zustimmung der hörenden massen
– entrüstung – brüllen – lachen je nach staatsform
– mutierende gehirnhälften
welche krankenkasse bezahlt das

im abendrot der platz
– *unter den linden* –
graue pflastersteine
sie geben keine antwort
vielleicht wurden sie gedreht
vielleicht wurden sie vertauscht
es sind so viele hier
werden betreten schwer oder leicht
schweigen – schweigen – schweigen

FANTASIA IN c

am anfang allein der tiefste ton
dunkel schwingen die labien
andere hellere gesellen sich dazu
geben sich mit hinein
fahren auf – fallen wieder
bewegen sich schnell in alle richtungen
durchbrechen – fliegen hin und her

wie das leben selbst

das fundament fängt an zu spielen
schwer oder leicht
ohne geschlecht
alle stimmen laufen mit
ist es lachen – ist es weinen
der interpret bestimmt darüber

wie im leben selbst

weiter so und immer weiter
nach einem schluss – der noch keiner ist
noch einmal das gleiche spiel
hoch und runter
bis unaufgelöst
plötzlich ende

wie beim leben selbst

es folgt eine fuge
flieht mit aller kunst

wie während des lebens selbst

(fuge = flucht)

HÄUTEN DER ZWIEBEL

da hat er es also gesagt
so – wie es war
abgestritten wurde es nie
nur wie – wo genau – das fehlte

der mahner wird gemahnt
egal was er schrieb
gewaltig wackelt sein sockel
mit oder ohne nobelpreis

bezweifelt wird der zweifler
was sind seine worte wert
kaputt macht wer – wie – was
der dichter oder seine interpreten

hatte er überhaupt eine chance
saulus wurde – ein paulus
fragen ans eigene gewissen
du – ich immer ich – du

(bei der Suche nach Verständnis für Günter Grass)

ZEIT AM WEIDENBAUM

da bist du nun
du oft so kurz
du oft so lang

wie wirst du sein
wie wirst du schmecken
ach bringe viel von dir

lass dich spüren
hier am knorpeligen stamm
wo licht in zweigen spielt

blätter erzählen weisen
frei hier alles – wohin es will
gib mehr davon

in diesem moment
und morgen wieder
immer wieder

SELBSTGESTÄNDNIS

wenn die wohnung lautlos
rauschende blätter hinterm fenster
lampenschein umzingelt den schreibtisch
das fallrohr leben zeigt
dann ist sie da

die heilige
die unverzichtbare
die unerträgliche
die notwendige
die erlernbare

doch da klingelt das handy
wieder geflohen
das radio beginnt zu quasseln
bildschirme flimmern
fort ist sie
die stille

GEFUNDENE ETERNA

rauschende – wogen
brausender ozean
hohe wellen – pfeifender wind
nass jeder – der hier

tag und nacht – sie meinen es gut
helle sonne – dunkle weite
schaut nur hin
gefangene im körper und doch frei

ihr alle – beschenkt von allem
woher es kommt – hat euch ergriffen
komm – oh komm – du EWIGE
und sei unser gast

UMGANG MIT DEM PRÄTERITUM

was sie waren ...
was sie sind ...
was aus ihnen wird ...

genug

es war ihres
es ist ihres
es bleibt ihres
es ist nicht deins

hilf ihnen

hilf – wenn deine hilfe nicht missbraucht
um mehr zu sein als du
dann lass es
du bist nichts schuldig

wenn du alt
lass den jungen – das ihre
dann werden sie helfen
dich lieben – wenn du sie geliebt
und du wirst froh

DIE ANTWORT

wie viele zeit verlor ich mit gesprächen
mit büchern – mit gedanken – mit mir selbst

in der nacht
an einer straßenecke
wurde ich aufgeklärt

er befettet vom säubern des hähnchengrill's
sagte nach meiner bestellung

„was nur fleisch und gurken – ohne alles
du bist ja total langweilig
was meinst du
wie viele wünsche hier einige haben
die sind richtig cool
wollen mit gewürzen – salat – überbacken
zwiebeln und schafskäse – und – und
nicht so langweilig wie du
nur gurke ohne soße"

heute keine fragen mehr

MAN IST – WAS MAN ISST

VON DEN MUSEN GEKNUTSCHT

nee – nicht nur zum anfassen
aber gut – sie sind – die geliebten
zum glück
nach denen sich's regt – innen oder außen
(soviel höflichkeit muss sein)
und was sie alles machen sollen
fesseln – beherrschen – das tier wecken
so das nur noch eines klar
bin eine art – von vielen arten
ausgeliefert dem drang – höher zu sein

„ES WAR DOCH SO SCHÖN"... (Goethe – Türmerlied)

hier über diesen regen
in diesen strahlen
mehr – um mich
in mir – mehr
wie der wind – wild und weich
traurig und schön
nicht sichtbar und sehend zu gleich
nicht gebrauchen lassen – gebrauche meine zeit

„ihr da – ja ihr – bitte leitet mich
oder lacht – lacht mich aus –
so laut – dass mich's richtig ärgert
vielleicht gerade über das
was diese seite schwärzt
kommt lasst euch finden
schlaft mir nicht weg
von euch will ich singen
zwischen all dem rausch"

(für Wolf Biermann)

GEFANGENLASSEN

verführter der verführung
treibender im ozean
schiffte herum – zwischen den polen
nahm kleine inseln für das festland
nur kurze ruhe – vor der flut

das wasser blieb
sichtbar – spürbar
wellen waren immer
gingen auf und nieder
zeigten leben
nicht sicherheit

weiter gewiesen
wo sie sind
wo es ist
mit mut und glauben
wieder hinaus
auf das offene blau
volle kraft voraus
und guten wind

LETHARGISCH

hat dich die kralle erst einmal
kein strahl der sonne wärmt
kein stern mehr blinkt

leere...
kälte...
einsamkeit...

wehre dich

hau ab
hier nicht
nicht bei dir

helfen können keine sprüche
keine ideologie
no *„VATER UNSER IM HIMMEL"*
keine wunder

vielleicht hilft noch

dein eigenes du

bei sicherem grund
her mit dem anker

bitte keine tabletten

sonst

lass dir helfen

TODES BRUDER

gerettet – rettest

in wenigen stunden

ganz einfach

„SCHLAFE, MEIN LIEBSTER, GENIESSE DER RUH,
WACHE NACH DIESEM
FÜR ALLER GEDEIHEN!"

(aus einer Arie aus Bach's - Weihnachtsoratorium)

HAT DICH LIEBE

hat dich liebe eingefangen
frage nicht – lass andere bangen
zünde an das schöne licht
es bestrahlt die welt so schlicht

vergiss die ängste nach dem sein
sie sind einsam – schall und rauch
ist bei dir – wie alles angefangen
leb' den alten – neuen brauch

schwing dich hoch zu allen sternen
fall hinein in tiefste nacht
vertraue dem – was du bekommen
halt die flammen dieser pracht

ICH WEISS ETWAS

ich weiß etwas
was du nicht weißt
ist das ding auch noch nicht heiß
scheinbar weit
ungreifbar fern

viel – ja viel muss ich nun geben
will doch längst schon danach leben
schlechter handel über jahre
nur kein trauergesang
bis zur bahre

über felder weht es blau
rose rot
empfindsam
schau

WERTE

1
gestern
heute
morgen
dazwischen
fragen nach der seltenheit

2
solange abweichende parallelen
in der gesellschaft
ob religion – institution
vereine – parteien
wird es gleiche nicht geben

3
ohne gleiche
keine wirkliche orientierung
kein wirkliches miteinander
kein wirklicher frieden

4
gedächtnis bei der gedächtniskirche
mahnung an intoleranz und tod
außen mit kerzen und blumen
innen mit blumen und kerzen
dazwischen beton und blaues glas

SCHMALZFLEISCHDOSE
(melancholische erinnerung)

ich hatte eine verabredung im norden
aus angst vor vergiftung bei zu spätem verzehr
sowie angst vor teilnahme am genussüberschuss
drängten zur mitnahme
auf vertrauter strecke – schwellen aus einer
anderen epoche – deutscher befindlichkeit
nur der oberdraht geflickt nach *DIN-NORM*
auf dem zweiten geschoß der neulackierten
mitfahrgelegenheit im zwei – stundentakt
steht sie sauber – nicht verbeult
steht sie – weswegen ich angst hatte
deckelöffnung vor tagen und der geschmack
jahrelang vertraut
erinnerung und jetzt-sein – im gaumen äquivalent
vielleicht auch die bäume und wiesen am damm
die sich zeigen hinter ihm – ihm dem deckel
der lange zukunft verspricht
die frage – was morgen – dagegen fast kindisch
es gibt eine zukunft
haltbar gemacht und in aluminium eingekocht
energie von einst gemacht für die kraft von morgen
nährwerte trotzen den systemen
fett bleibt fett
um mich einfacher verständlich zu machen
-mobil macht mars-
so die lehre der 1980er jahre
heute einzig – überlebenschance der menschheit
dosen überwanden systeme ohne zollkontrolle
fundstücke aus der freiheit
an unsichtbarer nasser grenze
sie versunken mit und ohne echolot nicht zu finden

erinnerung erwacht
vor jahren - ich - dosentransporter
zum einzig - seeurlaub daheim
in gleicher richtung – wegen ideologie
worte allein machen nicht satt
mangel an wirtschaft - zu kleine portionen
für hungrige mäuler
die später drähte und beton zerfraßen
„DEM VOLK AUF'S MAUL SCHAUEN"
sagte ein deutscher reformator
knack die berge der genüsse
– knackch – knackch – knackch – A U A –
das novembermenü in der vorspeise
für alle gleich und verträglich
im zweiten gang kann man wählen
fisch – fleischfresser – vegetarier und trotzdem
- wir sind ein hunger -
am nachbartisch – lange war er vorbestellt
sind die portionen größer
wer satt ist – gibt gerne
aber wenn der appetit wiederkommt
ist die gier größer
die tische nicht gleich hoch
werden zusammengerückt
in großer runde ist das mahl verteilt nach rangfolge
an den tischkanten gefahr beim rüberschieben
teller könnten runter fallen
der süße nachtisch
(*–1 sekunde genuss– ein leben lang verdruss–*)
lässt die vorspeise von vorhin schnell vergessen
- kaufen - marsch - kaufen -
neue losung für büchsentreidler von einst
sie wollen auch was frisches
aber bitte nur vom bewährten acker
der ort ist das ziel – du brauchst nichts vor den
augen und wenn nur einen scheibenwischer

mit den richtigen mitteln wird hartes oder
zerbrechliches glas sofort
hell – strahlend – klar – sauber
kratzer sieht man nur im gegenlicht
alles ist in ordnung
ordnung und sicherheit – methodisch neu variiert
– *nimm meine arbeit – – – gib mir arbeit –*
flehen die einst klassenbewussten
alter wein in alten schläuchen
doch der mensch lebt nicht vom brot allein
- *katzen würden* „friss – das" *kaufen* -
nationalverbundenheit in fußballländereintracht
elbe – havel – eine standpunktgrenze
aus alt - mach neu
verdreht im historischen moment der länderehe
– *für alle wohlstand –*
preisgleichheit garantiert
von anfang an – in gleichen ketten
verankert in feld und flur
sag „*ja*" zu – „*yes*" – *in buttercreme*
die neuen ehepflichten
und du weißt – wo du stehst
im frühjahr blühen dann auch mal die landschaften
– *die heimat – die schöne – sie lieben wir*
– *weil – sie gehört unserem volk – und wir schützen*
sie – . . .   (wer will singe)
die schmalzfleischdose kennt keine unterschiede
gemacht für keinen staat – aber – für eine sprache
wie alt ist so eine dose
der deckel weiß nur das verfallsdatum
atmet er bei öffnung
„EINIGKEIT UND RECHT UND FREIHEIT"

– *how many sea's must a tin walk down*
before she can sleep in the island. . .–

GEDÄCHTNIS I

am küchentisch – die sahne geronnen
suche nach dem vorherigen
in anderer lage so deutlich und klar
sind die windungen nun nicht mehr

was willst du
reicht es nicht – das andere seit
1000'den jahren – ihre frühstücksgedanken
in 1000'den – schon modrigen zetteln
der immer gleichen spezies
in weiß ich wie vielen gängen serviert haben

jeder schmaus hat seinen höhepunkt
ja den brauchen wir
schon bevor olympia die athener erzog

ohne gipfelpunkt hat etwas nicht funktioniert
war der beischlaf schlecht
die luft raus oder
bist du krank

was bleibt – ist der odem
immer wieder treibend
seit dem nabelschnitt
unruhe nach dem – was das leben so hat
leerend gehe ich der tasse auf den grund
sie schweigt

GEDÄCHTNIS II

da war was von weltraum
was von unendlichen weiten
mit einem raumschiff
. . .

in form dem himmelsstürmer gleich
aus zeiten anderer visionen
leuchtend nicht blendend
rot mit genormter schnur

„DIE NACHT IST KOMMEN
DRIN WIR RUHEN SOLLEN"

(Petrus Herbert 1566)

– „BITTE SCHNALLEN SIE SICH AN
UND STELLEN SIE DAS RAUCHEN EIN" –

– energie –

Zwischenlandung – Gesundbrunnen

die tanzende flüssigkeit im neuen ambiente
ist nicht so gesund wie der hausname verspricht
– *geiz ist cool* –
frontgang zur – *ELECTRIC – WORLD* –
„BERLINER LUFT VERSENDEN FÜR 1 EURO"
im schwingungsnebel der schnurlosen
was kostet 1 kg schorfheide
gehend – sitzend – kriechend – die konsumenten
„man ist – was man isst"
so ist der tisch auch reichlich gedeckt
wer's sich leisten kann
bekommt dazu auch einen stuhl
– *beim essen sollst du nicht reden* –
so wechseln die tischpartner wie sich's gehört
ohne sich zu verschlucken
sollten sie sich zu nahe kommen
abhilfe – schafft die plastiktüte oder ffp 2
man wohnt hier
man lebt hier
man scheißt hier
im fingerduell zukünftiger bundespräsidenten
ein kariöses lächeln
– *eurem gewissen folgt!* –
die weimarer bibliothek ist angebrannt
im zeitungsabschlag kämpft *BILD*

GEDÄCHTNIS III

„O DU MEIN HOLDER ABENDSTERN,
WOHL GRÜSST ICH IMMER DICH SO GERN;
VOM HERZEN, DAS SIE NIE VERRIET,
GRÜSSE SIE, WENN SIE VORBEI DIR ZIEHT.
WENN SIE ENTSCHWEBT, DEM TAL DER ERDEN,
EIN SELGER ENGEL DORT ZU WERDEN."

(Richard Wagner -Tannhäuser)

planeten ziehen sich an
bewegend in bahnen
nur die sonne wächst
sie wird sie zerschmettern
ist da nicht das verreisen gefragt
doch wie – wann
verlassen wir das system
wer weiß
ob ein anderes
atemluft gibt

GEDÄCHTNIS IV

sommer – es gab ihn
diesen einen
vor jahrhundertflut und hitze
ich kenne ihn nicht so genau
meine – deine wahrnehmung
eindimensional zu dieser zeit

nicht außergewöhnlich – kein platz
im wettkampf der geschichte
einfluss auf das ich – von außen
keine analyse der hirnhälften

in den langen wintern danach
gemeinsames ohne miteinander
kennst du das
ein denken ohne worte

wie bekomme ich eine blume vom mond
das ist heute die frage

augenblicke
hell – jetzt – hier

und wenn das kamel durchs nadelöhr passt
dann ist alles wahr
nur die vernunft ist größer

LEBEN NACH DEM TOD

er ist nicht mehr

hat er doch die letzte zeit bestimmt
brachte die pulsierende masse
in gefährliche höhen (nach kelvin)
stundensekunden im nassen schweiß
man hat es entfernt
das kariös – zerfressene körperstück
derzeitiger aufenthalt
unbekannt
nichts davon zu spüren

er ist nicht mehr

ZEISSLEBEN

geier auf der lauer nach beute
adlerauge „tessar“
auch im deutschland 2.1 – . . .
dienstbereit

WAS ES SIEHT

braun – rot – gelb – schwarz – grün – blau
jahr um jahr
tag um tag
im dunkel – auch weiterhin
belichtungsprobleme

RAUM DER WO

abgesprochen im netz
nähe auch direkt
nur auf der schiene
kein pendelverkehr

die kinder der stadt
auf den straßen – wie gewohnt
lallend – schlafend – verschlungen
gerüche nach entleertem

signaltöne und anzeige
im spiel der stränge
tageszeitung gedruckt
schon vor dem wechselbad

nichts ist – wie es sein soll
oder
soll es so sein

die lehrbücher schweigen
nur das ruckeln der waggons
lässt zeitraum erkennen

ANATOMIE

die schädel in toleranzen

innen gut sortierte masse

wozu geschichtsschreibung

vorsicht

vor mutationen

MEISTER IM STILLEN

er zu sich

sie sagten zu mir – ich wäre einer
doch in mir – nur mein licht
zu wenig zerissen – zu viel gelesen
ein scheinwerfer nicht wirklich spricht

nehmt an euch meine blätter
werft sie hoch in den himmel
schürt damit ein kurzes feuer
hell wird's – wenigstens für einen moment

(nach Kurt Tucholsky)

WISSEN

weißt du noch – wie es war

das bett zum schlafen gemacht
luna mit geschichten prahlte
der tag – ein tag
die nacht – eine nacht
geheimnisse von geistern gemacht

weißt du noch – wie es war

als vater die brote brachte
immer neues sich zeigte
erfahrung war die zukunft

weißt du noch – wie es war

der briefkasten ohne rechnungen
licht einfach – nur strahlend
keine angst

weißt es noch
so gelebt
so erlebt

ohne wissen
was kommt

IM GLÜCK

was ist das nur
plötzlich da
nicht geplant
passend zur verbeulung

der tag – die nacht gehen aus und ein
sonnen und monde umarmen den planeten
heben und senken die wasser

und ganz allein – voll mittendrin
ein herz – es will fast platzen
so viel davon – **so** viel darum
wie soll es das nur fassen

VERWANDLUNG

um mitternacht
still und offen
alle sinne lauschen
sehe vor mir dein bild
berühre es sanft
streiche lange über dein haar
so zart
wie ich es noch nie getan

ZEIT

wenn die grünen blätter rauschen
die strahlen lange schatten werfen
das rot mild am horizont hoch steht
die wasser klare ruhe spenden
sitz ich gern in kühlen gemäuern
horche alt – vertrauten klängen

HOLZKOPF

aus einem stamm bist du geschlagen
dein schädel bearbeitet mit dem meißel
oder war es das schnitzmesser
sehe – spüre
lachen – klagen
sprichst keine sprache
könnte dir ständig zuhören
lebst in der starre
zeigst inwendiges nach außen
vergessen das rosenholz
suche dein fleisch

(für Ernst Barlach)

WEINBLATT IM TAUMEL

„bleibt stehen – geht bitte nicht weiter
lasst euer ziel nur kurz einmal warten
hört ihr den klang – im wind und auf dem boden
seht da schwebe ich – zwischen krone und erde
fangt mich ein – ich bin bunt und schön
habt vielen dank – ich will euch was erzählen

ich hing ein ganzes leben lang an ihm
meinem gehölz – gehalten und beschützt
vor regen und den winden
ich gab meinem stamm – mein grün
energie um zu wachsen
meine freundin sonne – half dabei

stamm und ich wurden größer und stärker
fest in unserem zusammensein
im frühjahr war alles frisch und leicht
der saft – der die wahrheit haben soll
konnte gedeihen

die tage wurden länger
die nächte heimlich und leise
im strahl der sterne sah ich dann ein anderes blatt
nicht weit weg war es – sondern gleich neben mir

vertrautheit durch gleiches wasser
gleiche erde und gleiche sonne
die linden – lüfte der lust
ließen uns erkennen
unendliches hatten wir gemeinsam
nur unsere sorte war verschieden

das andere blatt war wie ich
fest und bewahrt an seinem stamm
es hing auch an den äußersten zweigen
wir konnten uns sehen – spüren – berühren
himmel und erde waren unser

die winde wurden stärker
unsere berührungen auch
genascht von unseren trauben
träume von uns – von neuen stämmen
mein nebengrün hob an
segelte dorthin los

wo soll ich fliehen hin
zurück woher ich kam
oder mich fallen lassen
ins unbekannte
wo das liebesblatt ist

ich flog los
bei starker brise
unser leben ist nur von kurzer dauer
will den eigenen boden
fels und keinen sand
will wachsen nicht verwachsen
und am schluss – nicht verloren sein

ich – wir
sind ein weinblatt im taumel

WEGE

immer mitten drin
gefragt wurde nicht
der erste schrei machte abhängig
frei und doch unfrei

hinein geboren in eine welt
eine zeit – eine stadt
ein haus – einen kopf
straßen prägten - prägen

zu sehen das von A nach B
vertraut – erfahren
sicher ist die loipe
daneben neuschnee

was nun

VERDAMMT – NORMAL

wo nach ist die suche
höre noch – wie der vogel singt
wege führen über gipfel
der himmel seine sterne bringt

frage – wie steht's im tanz der welten
deiner – meiner freiheit schon beraubt
ein verpassen wollen treibt
rast halten vom konstruierten lauf

zwei herzen haben sich gefunden
verschieden und doch so eins
groß und klein sind manche wunden
wichtig nur – was übrig bleibt

auf die berge lass uns wandern
schweben weit – zu allen sternen
heilen das – was kam von anderen
auf unser wir – vertrauen lernen

ZUR RUH

geh schlafen sänger – geh schlafen
deine lieder – sie können nichts mehr
eine schrieb – so glücklich wie eben
war sie schon lange nicht mehr

altmodisch klingen deine reime
zukunft heißt ihr gewand
leben – nein es hat keine regeln
wenn ein herz zum herz sich fand

und so halten die gerichte
den zeitlosen träumer auf
verstehen sie die geschichte
oder nicht – im lebenslauf

(nach Ritter Kurts Brautfahrt /J. W. v. Goethe)

IM WALD

hier – war es grün
hier – stand der stacheldraht
hier – verebbten standpunkte
hier – wurde geschossen
hier – war es immer kalt
hier – wuchs das unkraut schlecht
hier – wurde eine rote fahne verteidigt
hier – war nichts vom aussterben bedroht
hier – gab es keine karte
hier – war niemandsland

heute ist's da grün

WINDMÄHER

halme ragen
weit nach oben
voll von ähren
schwer und reif
da kommt er plötzlich
mit brüllendem getöse
und starker brise
kalt und steif

legt alles flach
was ihm entgegen
haut alles um
vor seinen wegen
auch das korn
das aus der erde
lang behütet
das es werde

spuckt wieder aus
was nichts ergeben
was nicht passt
nach festem brauch
dahinter – gierige schwärme
die nur fressen
alles weg
in ihren bauch

LIEBESVERS

ich war – was ich war
ich bin – was ich bin
wollte nicht
und so allein

du bist – was du bist
du warst – was du warst
willst du – will ich
alles zu zweien

HALB

ist es voll
ist es leer
scheidung der geister
für beide parteien
bücher – kurse – findungen

wo bin ich – in dem getriebe
im analytischen wissensrausch
muss mich lehnen zu dem einen
verstehen lernen
finden meinen bauch

frage den geliebten dichter
sein narr steht am tobenden strand
wartet auf antwort
brustfrei – in den himmel gehoben
jedes glas hat seinen pfand

(II. – nach Fragen von Heinrich Heine)

WO DIE WORTE

„WO DIE WORTE AUFHÖREN,
FÄNGT DIE MUSIK AN"

– wo die musik aufhört –
– fängt die liebe an –

kunst hat sehnsucht
erfüllungen bringen wir

menschen sind
kunst ist
alles ist

LIEBLINGSLISTE

o wüsst ich nur an welcher stelle
sie hat eine – verriet sie mir
sagte – ich bin da drauf

ist sie lang oder kurz – schwarz oder weiß
quer oder breit – in serbokroatisch oder latain
schief – wohl möglich noch in stein gehauen

welchen platz – frage ich brav
„*verrat ich nicht*
            sonst wirst du noch ganz eingebildet"

ätsch – sollst deinen auch nicht wissen

BEI EINER STATUR

so jung bist du – so schön
den jungfernkranz ins haar gebunden
langer umhang – halb gefallen
zwei knospen in vollendung
erostraum – da bist du nun

leer dein blick – verschlossen
ob es tag ist oder nacht
zeigst nichts von deiner welt
wozu bist du gemacht
leitbild für die schwachen träumer

lock' ruhig – in liebliche nebel
kühl dein stein-weißer schein
sind haare noch so lang
deine formen so geschwungen
der wanderer hier – immer allein

bleib zartharte stehen
weiter führen straßen
edles sein – streift nur den traum
fallen oder schweben
einen kuss – bekommst du kaum

ZAUBERER HERBST

im lauf ist er
ohne den kein anfang
auch kein ende
zwischenstand der zeit

nasskalter rückenwind
keine trauer
blätterfarbenkreisel
bunte freude

bis zum nächsten
– zwischen –
was bleibt

tugend
leitet unwandelbar
hin – zum ziel

(nach Joseph Haydn – die Jahreszeiten)

WAS ICH NOCH SAGEN WOLLTE

am anfang

war ein blick

nicht berührt

die erquickende brust

blicke zogen an

ratlos die welten

eingefangen alle träume

gleich am anfang

FORENSISCH

WIR

gefangen in unseren phasen
verliebt sein – vergeht
nach drei monaten spätestens

hormonwechsel verändert alles
gezwungen von den genen
verwalter von organen

treiben wie ein schlauchboot
auf windeswellen
alles treibgut der evolution

studien finden – „ihr" – recht heraus
gibst du es ihnen – gebe ich es ihnen
ist „ihr" recht in unserem haus

BEI DER TRENNUNG

gefüllt werden nicht die alten becher
oder schränke voll mit gleichen versen
mild – der weise dichter spricht

„LERNE NUR DAS GLÜCK BEGREIFEN"

engel sind immer
niemand weiß
von wem gesandt
tauchen einfach auf
weisen kurse
für alle die segeln wollen
nicht zerbersten am land

seifenblasen platzen
so bunt
so schön
so echt
so nah
engel-nähe zeigt's
noch ein hinweis

„DENN DAS GLÜCK IST IMMER DA"

(für Johann Wolfgang von Goethe)

DER BERG

dort unter wolken – strahlt er hell
gewesenes meer – der anfang
wasser süß – heute sein getränk
gefaltet – geknittert – geschoben

eine gondel zieht hinauf
schwebend – fliegend und doch verankert
oben ländergrenzen ohne zaun
leberknödel oder erbsensuppe
bestimmt den standort

dünne luft ermüdet
über – im – unter dem himmel
der berg – er ruft
wirkliche hindernisse

eisgrauer stein – rede mit mir
dich zu bewegen – wer vermag es
du bleibst hier – solange alles ist
überdauerst alle zeiten

regen – schnee – wind – sonne
wärmen – schleifen – tragen ab
gehen und lassen gehen
fressen sich tief hinein

wie lang ist ein sein
wie beschränkt
wie in dieser ordnung
besteigen – entdecken – leichtsinnig – sicher
staunen – verstehen – missachten

da unten im tal
ist's mild
so voller grün
blauer see
helle strände
kein absturz
kurze fahrt
am eisernen seil

– auf –
– hinab –
– in die welt –

(nach Heinrich Heine „Der Atlas")

MORGENS HALB ZEHN

will sie stoppen – will sie fesseln
die sekunde – die vorwärts geht
anhalten – kurz verweilen
trotzen uhren und getriebe

angst treibt – oder ist es furcht
kein beugen vor bewegung
aufbegehren – wände durchstoßen
bestimmen welt – bestimmen leben

gönn mir doch nur diesen einen
lass ein lied gelingen
gib frei – hör auf
mit diesem monotonen schwingen

tick – der zeiger geht
gleichgültig – tack – weiter
bestimmen kann – anderer wille
wer auf ihn hört

IM KREISVERKEHR

rechts – links
gerade aus – gerade – gerade – gerade
eigentlich rund um
vertraute bewegungen
spurenwechsel kann gefährlich sein
führt heraus aus dem zirkus
keine tankstelle in der mitte
blinker spielen im takt

immer gleiches grün am rand
eigenes tempo bestimmt
davor – dahinter – daneben
gedränge – geschiebe – gewechsel
ordnung – auf kleinstem raum
weg ohne anfang
weg ohne ende
weg ohne ziel

was sagt eigentlich das "navi" dazu

„bei der nächsten gelegenheit
bitte rechts abbiegen"
(links in anderen ländern)

STAU

kein verkehr
kein verkehrsunfall
zum glück
gottes segen auf all deinen wegen

ABSCHIED

es färbt sich bunt das sommergrün
wildgänse als dreieck am himmel
lüfte singen – nebel stehen
die wasser kühl und klar

seltsamer kontrapunkt im dreh-rum-bum
wärmequelle entzieht sich langsam
ihr licht – als ob es am ende steht
gib mehr

nicht traurig – weil vorbei
froh – wie schön es war
immer dabei das größte glück
liebe ohne leiden

(für R.)

IM KALTEN TEMPO

kein gesäusel mehr der winde
zug-geschützt hinter glas
drinnen künstliche wärme
auf einmal alles still

vor den scheiben fliegen fetzen
grün – gelb – orange – grau
mancher ast verschlungen
himmel wolkig – sonnig – blau

höre wieder atem gehen
spüre pulsschlag dieser zeit
blicke werden ruhig
sinne gehen andere wege

vertraute welt – so unbekannt
heimat für die nächsten wochen
wirst geschmückt – wirst belebt
wenn der teekessel singt

VIER METER SICHT

mitten im sund

alle mann an deck

gelber zäher dampf

wenig schaukeln

ausgefallenes echolot

funk kaputt

kein gps

nix zu sehen

die segel leer

wo sind wir

wo treiben wir hin

vertrauen auf 5 mm

5 mm stahl

zwischen wasser und uns

GEZWIEBEL

in den boden mit der knolle
mindestens einen fingerzeig tief
wenn die sonne wieder wärmt
ja – dann kommen sie
die götter
die ich rief

TOD

bin schon wirklich oft gestorben
auch heute – im verlassen
einsamkeit – die größte furcht
kein leben – in angst
lieber sterben

einen glauben nicht verloren
für kompromisse noch zu klein
mit halbem nicht zufrieden
vernunft sagt
„der spinnt"

werde wieder auferstehen
unerfahren – naiv – fallen
in schöne arme – zarte knospen
atmen tief und unbeschadet
unvernünftig – frei

BAUM AN DER STEILKÜSTE

mit dicken wurzeln fest gehalten
wie eine galionsfigur hält er ausschau
dahinter weit der horizont
endloses blau – es treibt
blicke in die tiefen der sehnsucht

kein sturm blies ihn um
stamm verankert – sicher alles zusammen
wasser kann den boden durchweichen
dann – aus dieser traum
zweigüber – geht's ins meer

IN MEINEM SCHAUKELSTUHL

kalte tabakpfeife zwischen den zähnen
dazu hin- und her-gewippe
auch der kopf schwankt mit
auf und nieder – auf und nieder – auf und nieder

nur wenn kein anstoß kommt
steht alles still

wie wär's mit einem glühenden kachelofen
ein heißer tee mit rum
und ein zartes – blasses – nacktes weib
die augen strahlen – süß der mund – rot die lippen

schaukelnd geht es weiter
pfeife neu gestopft

WAS DU MIR GIBST

dein lächeln
dein strahlen
deinen warmen körper
gespringe in meinem grün
einfach dein sein

einsamkeit hast du genommen
dem regen gibst du sonnenlicht
bringst mich zum träumen
immer wieder ins leben
einfach – schlicht
deine liebe

(für R.)

WINDSBRAUT

wer spürt dich nicht
zerzaust die letzten paar haare
zwickst – schmiegst dich an
nach deinen launen
kriechst frech unter jedes hemd

vor den augen lässt du alles fliegen
blätter drehen sich in deinem kreis
kämme auf dem wasser springen
deine musik spielt in den ästen
mit dem lied – das du dir pfeifst

bleib treu – du unsichtbare
komm immer wieder
zum tanz – zum fest
lass dich nicht zähmen
puste durch – das bunte laub

WAS KOMMT

warm scheint der mond
noch klingt die stimme
geblieben was war

deutlich das licht
nur weiter so
wandere

steige mutig
singe heiter
gut die welt

komm ebbe
springe flut
doch alleine

HOFFNUNG

rote schnüre stehen am himmel
vier teile sind gemacht
störche jetzt in anderer hälfte
ein halbes jahr – bis sie wieder hier

kehr doch bitte bald zurück
du leichtes – warmes – du
komm **und** vergeh – kalte zeit
vergessen schnell das eis
lindenlüfte dann erwacht

GÄRTNER AM TOTENSONNTAG

er streicht seine gewinne ein
nicht mit der sense
nur valentin's oder muttertag
können da mithalten
in vitro im labor
mit neuester technik
computer gestützt
für diesen tag – der tage
auf den er so sehnsüchtig hinarbeitet
viele überstunden im gläsernen haus
ein handwerk – ein meisterwerk
grüner daumen –nur kleingärtnerglück
aber hier und heute
blüht alles – weit und breit
zwischen nieselregen und schneeflocken

GEÄPFEL

sie drücken reif ihn nieder
den ast – der gern im wind sich aalt
„schüttle mich – schüttle mich "
ja wirklich – sie fielen
waren süß und prall
kullerten kreuz und quer über die wiese

erwärmt im topf
und rein ins glas
an kalten winterabenden
gibt es ein wiedersehen
und vor dem inneren auge
der knorrige alte ast

LENES TAGEBUCH

erster blick

eben ist es angekommen
harrte lange schon versonnen
kam mit schloss und leder her
hoffnung groß – erwartung schwer

gab's einen überfall mit dieben
finde nichts von deinem lieben
raus gerissen fast alle seiten
kein einziger fund von deinem streiten

so viele – viele tage fehlen
kann man wahrheit einfach stehlen
frage mich – wen hat's befreit
wer war es nur – geschah's im streit

geblieben hier das eine bild
erzählt so lieb – so weich – so mild
bist fast schon einer göttin gleich
ohne makel – tugendhaft reich

warum – wieso für welches pfand
es kam zu mir aus dritter hand
versunken auf immer deine zeit
nur wenig noch – was übrig bleibt

zweiter blick

gleiche sätze sind gefunden
haben rausrisse überwunden
meistergesang aus jener zeit
hat scheinbar dich – oft sehr befreit

und was sie singen – aus allen tagen
merke nun – was du ertragen
was du geliebt und was verneint
lieder singen – uns vereint

so manches sein – von dir erfahren
gemachtes bild – ich kann's mir sparen
bewahre es gut – im seidenen tuch
ein großer schatz – dein tagebuch

(im reim der zeit)

RECHT HABEN

es gibt sie – die es haben
wie zu leben – wie zu lieben
wie zu scheißen – wie zu putzen
wie zu vermehren – wie zu glauben

recht haben – haben recht
haben recht – recht haben
haben haben – recht recht
recht recht – haben haben

zu glauben wie – zu vermehren wie
zu putzen wie – zu scheißen wie
zu lieben wie – zu leben wie
es haben die – gibt sie es

haben haben – recht recht
recht recht – haben haben
haben recht – recht haben
recht haben – recht haben

sie gibt es – haben es die
leben zu wie – lieben zu wie
scheißen zu wie – putzen zu wie
vermehren zu wie – glauben zu wie

haben recht – recht haben
recht haben – haben recht
haben haben – recht recht
recht recht – haben haben

ZWISCHEN DEN GESCHLECHTERN

zu erst
gleiche luft
gleiche impfung
gleiche babynahrung
erst die windeln kennen rosa oder blau

dann kommt
gleiche schule
gleiche regeln
gleiche bildschirme
gleiche moral

im inneren gärt es unterschiedlich
erklärungen auf verschiedenen wegen
führen sie wirklich alle nach rom

auf einmal missverständnisse
ist blau nicht rosa
wer gibt – findet sein grünes rot
das ist dann wieder gleich

MISSION

da
steht
im vollen
glanz wieder
die alljährlichkeit
als brennender dornbusch
symbolisch – weit verzweigt
hoch gewachsen
was aus ihm sprach
dem einen – ein und alles
dem anderen – völlig einerlei
nun wieder – „ALLE JAHRE WIEDER"
einer oben
einer unten
je nach rolle
wenn sie richtig verteilt

VORVORFRÜHLING

gefallenes laub über der wiese
darunter grünt es schon
will ans licht

weg geharkt blüht es frei
nicht geharkt
bleibt es geschützt

SOLIDARISCH

ist der esel trittbereit
auf dem dach der hahn laut schreit
katzen krallen scharf gerissen
hunde zähne zugebissen
rennt der räuber über fluren
weg von häusern – teuren uhren
bis er nicht mehr laufen kann
fängt dort auch kein neu-werk an

die vier jedoch
die bleiben da
zogen von fern
zogen von nah
bis zu diesem kleinen haus
gehen nur noch steif dort raus
singen nach dem essen satt
„WIR ZIEHEN IN DIE GROSSE STADT"

(nach dem Grimms-Märchen)

VORWEIHNACHTSMORGEN

zart ist der reif
an ästen und zweigen
glänzend fremd
kaltes licht

sommersonne fehlt
ihr strahlen
das fröhliche lachen
mit lauem wind

still der see
starr die regungen
warten auf die eine nacht
die kurz erlöst

da leuchten helle kerzen
wärme und gemütlichkeit
grau und kalt wieder danach
bis das schneeglöckchen bimmelt

es tönen alte – große glocken
schwer und gegossen
gehoben auf hohe mauern
sie rufen und rufen

wer kann – geht hin
singt vertraute weisen
wer nicht – bleibt im geborgenen
wie die einst naiven kinder

DREHRUMBUM

die kleine meise traute sich zuerst
dann folgten die anderen

freche spatzen in großen schwärmen
nun sogar der specht und kleiber

alles schaukelt an dem aufgehängten haus
der ast darüber schon verbogen

alle haben hier nur eines im kopf
fressen für ihr leben gern

IN DEN WOLKEN

er wandert dort

von einem

zu dem anderen

mit aller energie

zeit vergessend

zauber nichts als zauber

ob mozart oder bach

klavier ohne – tonnenschwer

wenn er es spielt

federleicht bis fauchende stürme

singen – fliegen – tanzen

abgehoben himmelwärts

(Verneigung vor Wilhelm Kempf)

QUERDENKER

wer kreuz und quer
durchbricht die regeln
will anders sein
kennt sich gut – kein nebenan

in kauf genommen
krankheit bis **tot**
quer denken – nur für sich
durchkreuzen quer – anderes leben

MITTWINTERFEUER

geht langsam an
feucht der boden
viel früher das dunkel
funkelnder brand

zündet hoffnung
auf längere tage
weniger kalt
mehr licht und grün

IN DULCI JUBILO

1
con dio

ein wunder in alter weise

„GLORIA IN EXCELSIS DEO
ET IN TERRA PAX HOMINIBUS
BONAE VOLUNTATIS"

2
senza dio

erzählung alle jahre wieder
von einem wunder
erscheinung – hirten – engel

jahrtausendglaube
glaubte fest
mit hoffnung auf rettung

kinderglaube – missbraucht
erwachsen geworden
das eigentliche nicht verloren

sinnvoll – sinn – stiftend
zeigt die weihnacht
das eigentliche

selbst bestimmt
ohne angst
ohne glaubenszwang

friede allen menschen
auf der welt
glück und freude

ein kleines kind im stall
betrachtet im eigentlichem
ohne missbrauch der menschen

dort wird ein altes wort
verwandelt – neu geboren
in das eigentliche

wovon jede geburt zeugt
ohne menschen glauben
in menschen nähe

im vertrauen wagen
auf menschen
vertrauen

wer es geben kann
beschenkt davon
geborgen und umgeben

braucht nicht mehr
es ist dann – was es ist
ein sein in

liebe

3
tutti

„FRÖHLICHE WEIHNACHT ÜBERALL"

GROSS GEWORDEN

endlich haben sie ihn gefunden
meisenknödel an den baum gebunden

suchen bald das eigene nest
damit gefeiert wird das fest

nach grau und tau im sonnenschein
nicht ostern – es wird geburtstag sein

FÜR GEBLIEBENE

der letzte ausblick
kurz vor dem schlaf
belichtetes laub
gleicht dem sonnenglanz
bevor alles zerstreut
in jegliche winde

die schwalben
die nicht nach süden
erblicken letztmalig
alle farben der welt
vor ihrem flug
woher sie gekommen

BERNSTEIN – BECHSTEIN

der eine leuchtet
der andere singt
von urgewalten
aus alten märchen
beide vereint die träne
ungeschmolzen und weich
goldgelb – wunder der zeiten
eingeschlossen in die zeiten
wunder aller zeiten

ZUGEDECKT

es schläft das grün
verträumt das blau
gelbes warm – das rot

nur weiß
im strahl
glänzend
bei tanz

so geht es fort
geht es weiter
immer schlaf
im süßen traum

bis ein kuss
erweckt

ALT – NEUER GEIST

aufstehen gegen lüge
aufstehen gegen hass
aufstehen gegen fake news
aufstehen gegen rassismus

wir sind keine feinde
wir sind menschen
wir brauchen uns
wir brauchen jeden

frieden im miteinander
frieden was jeder kann
frieden mit anders sein
frieden mit der natur

achten wir uns
respektieren wir uns
lassen jedem seine freiheiten
um selber frei zu sein

(nach Präsident Biden, Washington 20.1.2021)

BLUME UND STEIN

nicht gestolpert
feuerrote rosen halten auf
voller liebe und hingebung
für so unendlich viele
denen das leben geraubt

wer sind sie – diese vielen
sind sie nicht viel – viel mehr
leben – die lebten?
welten – die lebten?
universen – die lebten?

darf ich da noch träumen
etwas ganz normales
wagen zu träumen
ganz normal
von anderen zeiten

sehe vor mir blühende gehölze
vereint zu riesigen dichten hecken
behütet vor jedem sturm
voller dornen – schwer
voller blüten – hoffnung

(für M. W.)

BEI BERTINIS

der alt – verwunschene garten
heute klein – refugiertes eigen
irdisch paradies
zwischen stadt und land
versteckt – bunt – grenzenlos

winter – jahr aus – frühling – jahr ein
sonne lässt die schwalben ziehen
sterne schnuppen über schuppen
in lauen nächten mondenschein
was lang schon getrennt
zerbrach ein herbst

hier sind alle farben
in stürmen die musen
auf bäumen gedichte
ein see – nach jungfern benannt
unter himmel in preußisch blau
dahinter wald – in könig's namen

für die alte ulme
im hof gepflanzt
alles zu sehen
in ihrem schatten
heute – gestern – übermorgen

(für R. K.)

KLEINER JUNGE UND DAS MEER

gerade acht jahre alt
ganz allein hier
zwischen ostsee und steinen
in der stubnitz auf rügen

zwei stunden nur für sich
frei ohne aufsicht
danach zurück ins ferienparadies
mit zeltkino und fkk

wellen schlugen über findlinge
seetang im hin und her
weite nur weite
und ein geheimnisvoller klang

erste fragen – nur fragen
ohne antwortenzwang
fragen die entscheiden
dumm bleibt – wer nicht fragt

lange her
vergessen so viel
dieser moment bleibt
wie seine fragen

woher kommt das leben?
wo geht es hin?
was will ich hier?
wo will ich hin?

PYRAMIDEN

sie stehen seit jahrtausenden
prägen generationen

auch wo mancher wurzeln hat
werden pyramiden aufgestellt

brauchtum im erzgebirge
in der weihnachtszeit

karussellartiges gestell
mit kerzenwärme angetrieben

im leuchtenden schein
glänzende augen

bei urgroßeltern
ihren kindern

bei großeltern
ihren kindern

bei eltern
ihren kindern

bei kindern
und ihren kindern

. . .

GLASKUGELN

oft befragt
nichts ist sicher
angst will beruhigung
die letzte – verdrängt

sichern das leben
wohlstand
gesundheit
das traute heim

abstand hält fern
abstand verändert
abstand schafft sehnsucht
abstand rettet leben

naturkatastrophe lehrt
soziologen vermuten
beziehungsnähe wird
der neue wohlstand

ZUR GUTEN NACHT

einsam ist das dichterleben
schreiben vom fallen
schreiben vom schweben

der liebsten wunsch
wird immer doller

„schreib vom kleinen zicklein
oder pommerschen rauhwollern!"

bitte sehr
es ist vollbracht
noch einen kuss
gute nacht

GRAZIE CARA VITA

gibst
gabst
wirst geben

was gefällt
was missfällt

was verstanden
was unverstanden

was warm
was kalt

was dunkel
was hell

was war
was ist
was kommt

danke liebes leben

NORDLICHT

weiter geschippert
auf den strömen
mit liedern
von land zu land

kein regen mehr
spät in der nacht
nach kaffeeklatsch
und seenotübung

die milchstraße über gletschern
ein teppich am heck
aus unendlichen wellen
darüber steigt das unerklärliche

licht in smaragd
unfassbare formen
geschwungen schwebend
wie seide wolkengleich

keine quelle zu finden
nur leuchten und staunen
leuchten und staunen nur
und staunen nur leuchten

INHALT

APPENDIX

Von der Anregung bis zum Erscheinen dieses
Buches, mit Lachen und Weinen, sind mir viele
Menschen wertvolle Begleiter gewesen.
Vor allem Rebecca Schmidt, Regina Bauer vom
Novum Verlag, sowie Sansarah Diehs vom United
Verlag. Ohne sie, würde es dieses Buch nicht geben.
Besonders freue ich mich, dass der Liedermacher
Gerhard Schöne, die freundliche Genehmigung zur
Verwendung seiner Liedstrophe gab.
Den Abdruck Ihres Bildes „Schwebender Zirkus" auf
dem Cover, erlaubte Rebecca Schmidt.
Allen von Herzen, vielen, vielen Dank!

GRAZIE A TE CARA VITA!

 **Sebastian Bluth** wurde 1969 in Berlin geboren und studierte in seiner Heimatstadt nach dem Mauerfall Kirchenmusik und klassischen Gesang. Er war Meisterschüler von Elisabeth Schwarzkopf (Zürich), Peter Schreier (Dresden) und Dietrich Fischer-Dieskau (Berlin). Seit dieser Zeit intensive Auseinandersetzung mit Liedern und Balladen u. a. von Walther von der Vogelweide über Klassiker und Romantiker bis zu modernen Texten von Heiner Müller. Preisträger „Die Meistersinger von Nürnberg" und anderen internationalen Musik – Wettbewerben. Konzertverpflichtungen in Europa und Übersee. Zahlreiche CD – Produktionen bspw. als Debüt mit Liedern von Robert Schumann nach Texten von Heine und Eichendorf (Label: NAXOS). Daneben beginn mit eigenen Texten in Form von Lyrik und Erzählungen.

Anfang 2020 gründete er das Kunstprojekt
EDITION JUNGFERNSEE
Lyric – Picture – Audio – Calendar
(www.edition-jungfernsee.de)

Mit diesem Buch, stellt sich Bluth erstmals, einer breiteren Öffentlichkeit mit eigenen Texten vor.

Zeitfracht Medien GmbH
Ferdinand-Jühlke-Straße 7
99095 Erfurt, Deutschland
produktsicherheit@kolibri360.de